8
LN27
41455

L'INTOLÉRANCE DE JEANNE D'ALBRET

Il n'y a pas, dans notre histoire du protestantisme français, de plus grands noms que ceux du Béarn et de la Navarre. Dès les origines de la Réforme, ils sont associés aux souvenirs pleins de mélancolique poésie et de chrétienne compassion que nous a laissés à tous, catholiques et protestants, la fine et touchante figure de Marguerite de Valois. Et lorsqu'on veut donner à celui de nos rois qui est resté le plus populaire, son vrai nom, on l'appelle le *Béarnais*.

Je ne pense pas sortir de la vérité historique en mettant sur la même ligne, au point de vue de la popularité, le nom de *Jeanne d'Albret*. Dans ce XVIe siècle qui reste le plus grand de notre histoire, par ses vertus comme par ses crimes, et que domine une figure de femme aussi célèbre que détestée; — quand on cherche celle qu'on pourrait lui comparer ou plutôt lui opposer, on n'en trouve pas qui l'emporte sur Jeanne d'Albret.

Mais si la renommée est une gloire, il faut s'attendre à la voir contestée, tour à tour portée aux nues ou traînée dans la boue. On a donc tenté de réhabiliter la mémoire de Catherine de Médicis tandis qu'une série ininterrompue de détracteurs s'est acharnée sur celle de Jeanne. Cela est si vrai que, lorsqu'on veut résumer l'horreur ou la défiance que doit inspirer le protestantisme, on ne manque pas de citer, après le supplice de Servet, l'intolérance et les prétendus massacres ordonnés par la reine de Navarre.

Je lisais il y a quelques jours une fort intéressante *Histoire du château de Pau*[1]. Je ne sais s'il en a paru des éditions récentes amendées[2], mais celle que j'ai parcourue renferme des pages déshonorantes pour l'ancienne souveraine du Béarn. Il y a dix-huit mois environ, une jeune fille élevée dans la plus haute école de notre patrie consacrée à l'enseignement des femmes, me demandait s'il était vrai que Jeanne fût si coupable. Le professeur, pourtant libéral, qui faisait le cours d'histoire, l'avait affirmé à ses élèves. Et notre

---

1. G. Bascle de Lagrèze, *le Château de Pau*, 2e éd. revue et augmentée, Paris, Hachette, 1857.
2. L'auteur n'a pas changé d'avis, car il répète en les abrégeant, les mêmes imputations et les mêmes erreurs dans son ouvrage *la Navarre française*, paru en 1881, 2 vol. in-8. Impr. nationale.

Société se souvient encore de l'effort qu'il a fallu faire pour obtenir l'atténuation de certains passages violents, destinés à répandre cette opinion dans les milieux les plus éloignés, par l'intermédiaire du livret qu'achetaient, au château de Pau, beaucoup de visiteurs étrangers[1]. En voilà plus qu'il n'en faut pour justifier le choix de mon sujet. — Je ne veux et ne puis ici, vu le temps dont je dispose, discuter une à une toutes les allégations répandues sur lui dans tant de livres ou de brochures. Je n'ai d'autre prétention que d'apporter le résultat de mes recherches personnelles, entreprises, je l'avoue franchement — tant est grande la puissance de la calomnie ou du préjugé — parce que moi-même je croyais que Jeanne avait été sinon criminelle, du moins réellement intolérante[2].

I

Je ne puis mieux faire, me semble-t-il, que de commencer par donner une idée du caractère de Jeanne et de la situation du Béarn au moment où elle en devint la souveraine. — L'enfance et la jeunesse de la princesse furent tristes. Tandis que sa mère avait été entourée, comme jeune fille, de tout ce qui peut ouvrir l'âme et épanouir le cœur, Jeanne fut de bonne heure traitée comme une pensionnaire qu'il faut surveiller, pour ne pas dire comme une prisonnière.

Elle ne put contempler les merveilleux horizons dont tant de lignes de Marguerite sont comme imprégnées, que lorsqu'elle fut déjà mariée. Sa mère, pourtant intelligente entre toutes et remplie de cœur, était malheureusement comme hypnotisée par l'éclat qui entourait la prestance, l'esprit et le trône de son frère. Elle ne sut

---

1. Voy. *Bulletin* t. XVI [1867], p. 622 et t. XVII [1868], p. 142. — La plupart des calomnies répandues sur Jeanne d'Albret ont été mises en circulation par l'abbé Poeydavant, dont l'*Histoire des troubles du Béarn* (1819), 3 vol. in-8°, est remplie d'invectives passionnées et de déclamations haineuses. Grâce aux archives encore existantes, on peut se rendre compte de la manière dont il ne craint pas, au besoin, d'altérer la vérité, qu'il connaissait. Malheureusement, beaucoup de documents qu'il cite, plus ou moins exactement, ne se trouvent plus que dans son livre. Voy. L. Cadier, *Docum. pour servir à l'histoire des origines de la Réforme en Béarn*, 1886, in-8°, p. 35 et 36 du tirage à part.

2. C'est aussi l'avis de plus d'un protestant. Voy., entre autres, le jugement de M. E. Bersier (*Quelques Pages de l'histoire des Huguenots*, p. 9) : « Jeanne d'Albret, dont le programme politique, *sauf en matière de tolérance religieuse*, est presque celui de 1789. »

PORTRAIT DE JEANNE D'ALBRET
D'APRÈS UNE GRAVURE DU TEMPS, DE J. WIERIX.

pas combattre les raisons politiques qui poussèrent François Ier à faire tenir sa nièce en chartre privée. De sorte qu'elle ne s'inquiéta que de donner à son enfant de bons précepteurs ou gouvernantes. Représentons-nous cette jeune fille, douée comme elle l'était, et par conséquent affamée de vie et d'expansion, confinée entre les sombres murailles de ce château de Plessis-lès-Tours encore hanté par l'ombre redoutable de Louis XI !

Avant même qu'elle eût pu voir un jeune homme (à 12 ans), elle fut par ordre supérieur, après avoir été réclamée pour ce monstre qui s'appela Philippe II, fiancée au duc de Clèves[1]. Le peu qu'elle put connaître de lui le lui rendait si antipathique, qu'elle protesta solennellement de la violence qui lui était faite[2] et dut subir une fustigation en règle, par ordre de sa tendre... mère[3].

Cette protestation n'est-elle pas le premier indice de cette virilité, de cet esprit de résistance que durent fatalement développer une pareille éducation ? On reproche à Jeanne la sécheresse de sa physionomie, cet air mêlé de souffrance et d'énergie qui se dégage de ses portraits. Eh ! mesdames, si vous aviez été soumises à ce régime, combien d'entre vous auraient gardé la grâce, la douceur qui font le charme de la femme heureuse ?

Bien que le mariage avec le duc de Clèves eût été publiquement conclu[4], ce mariage où le connétable de Montmorency porta Jeanne en la tenant par le collet de sa robe de noces, il ne fut pas consommé, la politique n'ayant pas tardé à défaire ce que la politique seule avait résolu[5]. Jeanne gagna ses vingt ans et épousa, cette fois sans protestation, à Moulins, en 1548, le prétendant de son choix, Antoine de Bourbon, duc de Vendôme[6]. Ce fut un mariage d'inclination, Jeanne y avait mis tout son cœur, qu'elle ne reprit plus jamais. On a bien essayé en effet, mais on ne réussira pas, sur ce point, à la confondre avec tant d'autres grandes dames de son temps.

---

1. Voy. pour toute cette partie de la vie de Jeanne, le bel ouvrage de M. de Ruble, *le Mariage de Jeanne d'Albret*, Paris, Labitte, 1877, in-8°.
2. Le 13 et le 14 juin 1541, veille et jour de son mariage.
3. Voy. *le Mariage de Jeanne d'Albret*, p. 113.
4. Le 14 juin 1541 à Châtellerault.
5. Le pape Paul III annula le mariage avec le duc de Clèves par une bulle du 12 oct. 1545, publiée par M. de Ruble, ouvrage cité, p. 318.
6. Le 20 octobre. A cette occasion Nicolas Bourbon, qui avait été son précepteur pendant dix ans, publia (*Parisiis apud Vascosanum, via Jacobæa, ad*

On ne sait que trop ce qu'était Antoine de Bourbon. Pas méchant, comme dit le proverbe, mais d'une faiblesse et d'une légèreté qui firent inventer, pour le désigner, un terme nouveau. On l'appelait *l'eschangeur*. Ce qu'il fut au point de vue politique et religieux, il le fut surtout comme époux.

Lorsque, après une dizaine d'années relativement heureuses, Jeanne vit qu'il n'y avait pas moyen de le retenir et de le soustraire à l'influence délétère de Catherine de Médicis[1], ce fut pour elle une

---

insigne Fontis M. D. XLIX) un épithalame enflammé, intitulé *Conjugum illustriss. Antonii A Borbonis Vindocinorum ducis et Ianae Navarrorum principis Epithalamion, Nicolao Borbonio Vandoperano poeta authore* (16 ff. in-8° dont les deux derniers blancs). On y lit, entre autres, ces vers :

> *Iana magnanimi unica*
> *Regis Navarri filia*
> *Quam Margaris Valesia*
> *Docet parens, et artibus*
> *Liberalibus imbuit*
>
> *Nubit haec hodie viro*
> *Quo pulchriorem non habet*
> *Europa tota. Is Regibus*
> *Gallis propinquus, inclytum*
> *Ducit a superis genus.*

A la fin, il met dans la bouche des Muses la supplique suivante :

MUSAE AD NOVAM NUPTAM

> *...Praeceptor tuus, ille, qui vel ipso*
> *Phoebo judice, non malus poëta est,*
> *De te non queritur : suam sed ipse*
> *Sortem nescio quo modo vicemque*
> *Aegre fert, dolit, odit, execratur.*
>
> . . . .
>
> *Quid prodest misero, puella princeps*
> *Facundissima facta, se magitro ?*
> *Si pauper manet unus inter omnes*
> *Qui se principibus dedere totos ?*
> *Quid prodest adiisse tot labores,*
> *Tot discrimina, quinque bis per annos ?*

Serait-ce en réponse à cette requête, qu'on trouve (*Arch. de Pau*, B. 5), dans un état de la maison de la reine Marguerite, pour l'année 1549, Nicolas Bourbon, « maistre d'escole de nostre très chère et très aimée fille » inscrit pour une somme de 400 livres tournois? »(Voy. A. de Ruble, *le Mariage de Jeanne d'Albret*, p. 7, note.)

1. Bien qu'Antoine de Bourbon fût faible et facile à entraîner, son affection

grande, une douloureuse déception. Elle ne se plaignit pas, elle resta fidèle et digne, mais il est permis d'affirmer que ces misères jetèrent comme un voile de deuil sur des espérances d'autant plus avidement caressées qu'elles avaient été longtemps différées[1].

II

C'est certainement de cette époque que date l'évolution religieuse de la reine de Navarre. Je dis à dessein évolution, car il n'y eut point chez elle de révolution proprement dite. Depuis longtemps elle connaissait l'Évangile et savait en quoi ses enseignements différaient de ceux de l'Église romaine[2]. Ce n'est un mystère pour personne que sa mère — à qui l'on doit en partie la publication du premier Nouveau Testament en langue française (1523) — s'était occupée de ces questions presque autant que plus d'un théologien du temps. Mais on sait tout aussi bien aujourd'hui que, par considération pour la politique et les engagements de son frère, le roi François, jamais elle n'avait voulu rompre extérieurement avec l'Église catholique. Plus ou moins sincèrement elle croyait à une Réforme qui s'accomplirait dans le sein même de cette Église, et c'est dans ses domaines, à Oloron, qu'elle avait établi comme évêque le principal apôtre de cette Réforme mitigée, son ancien aumônier Gérard Roussel.

Jusqu'en 1560 Jeanne partagea les mêmes principes. Ce qui est caractéristique, c'est qu'à cette époque son mari était plus protestant

pour sa femme semble avoir été sincère, et il faut reconnaître que Catherine de Médicis fit tout au monde pour le perdre au point de vue moral, comme elle perdit Condé.

1. Le vœu par lequel Nicolas Bourbon avait terminé son épithalame ne se réalisa donc pas :

> *Christum ego ex animo precor,*
> *Hoc ut regal connubium*
> *Nutu suo feliciter :*
> *Faxitque, vota ne mea*
> *Ventus auferat irrita.*

2. Indépendamment de l'influence de sa mère, qui ne dut qu'à son rang élevé de n'être pas traitée comme beaucoup d'hérétiques de son temps, celle de Nicolas Bourbon ne fut pas non plus parfaitement orthodoxe au point de vue catholique. Il avait, en effet, été poursuivi pour hérésie avant 1534. Voy. *France protestante*, 2e éd., t. V, 1129.

qu'elle, assistant au prêche tandis qu'elle allait à la messe. Une femme d'humeur intolérante y aurait-elle consenti sans difficulté? Or elle connaissait si peu cette humeur qu'elle admettait au contraire parfaitement la coexistence des deux tendances, l'une plus radicale, l'autre plus conservatrice. On pourrait citer des faits prouvant que lorsqu'elle pratiquait encore le catholicisme, elle empêchait qu'on molestât ses sujets qui ne voulaient que de l'Évangile, et tenait à leur assurer la liberté d'entendre, à leur choix, le curé ou le pasteur[1].

Je sais bien ce qu'on objecte : C'est par intérêt qu'elle dissimula[2]. Toute la vie de Jeanne, et surtout les sacrifices énormes qu'elle s'imposa plus tard pour la cause si ruineuse de la Réforme, protestent contre cette insinuation. Dans cette affaire elle fut, au contraire, avant tout sincère et honnête. Assez mondaine jusqu'au moment où son mari l'abandonna, elle ne fit profession publique de la nouvelle religion, le 25 décembre 1560, que lorsque, rendue plus sérieuse par les événements, elle eut été convaincue de sa vérité. Mais il ne faut pas oublier que c'était la religion d'une minorité persécutée.

Sa conversion[3] fut, en partie, l'œuvre de Théodore de Bèze. Condamné au feu par le parlement de Paris dix années auparavant (31 mai 1550), Théodore de Bèze n'hésita pas à exposer sa vie en

1. Ainsi l'*Histoire ecclésiastique* [I, 107] dit expressément que l'ex-jacobin *Jean Henry* qui fut reçu à sa cour, prêchait « purement et rondement la vérité. Cela ne plaisait pas trop à la Royne, n'estant encores du tout gagnée à Dieu ». Antoine de Navarre l'envoya à Pau, où il posa les fondements de l'Église, sans que sa femme essayât de s'y opposer. — M. de Rochambeau attribue aussi à cette dernière l'établissement, vers 1557, d'un prêche au pied du château de Vendôme, mais sans citer de source (Voy. l'ouvrage ci-après, p. 51).

2. Voy. de Rochambeau, *Galerie des hommes illustres du Vendômois, Antoine de Bourbon et Jeanne d'Albret*, Vendôme, 1879, in-8, p. 46, et Poeydavant *Hist. des troubles de Béarn*, I, 85. L'*Histoire ecclésiastique* aussi dit [I, 325] : « La royne s'y portoit fort froidement, craignant de perdre ses biens et se faschant de laisser beaucoup de choses du monde pour se renger sous une plus seure reigle de la pure religion. » Pourtant elle laissa Jean-Henry insister auprès d'elle pour qu'elle se convertît, puisque la même *Hist. ecclés.* [I, 107] attribue à ce dernier le commencement de cette conversion : « Aiant esté aussi par luy premièrement persuadée la Royne de faire ouverte profession de l'Évangile. »

3. La date du 25 déc. 1560 que cite Bordenave (qui met, par erreur, 1561) est certainement la vraie, bien que Poeydavant et après lui M. Bascle de Lagrèze (*la Navarre française*, I, 305) placent l'adhésion explicite de la reine au pro-

traversant, pour la première fois depuis son départ pour l'exil, toute la France, afin de répondre à l'appel de la reine de Navarre alors à Nérac[1]. Et c'est lui, bien plus encore que Calvin, qui resta le confident et le conseiller de sa catéchumène[2].

III

Quelle fut dès lors l'attitude de cette dernière? A-t-elle supprimé le culte catholique, molesté les prêtres, dépouillé les églises comme on le prétend? — Nullement. La seule liberté qu'elle prit, ce fut d'assurer celle des pasteurs qu'elle fit venir et auxquels elle donna toute latitude d'annoncer l'Évangile. Mais personne n'était obligé d'aller les entendre. Pouvons-nous la blâmer? Oui, si nous admettons que sous peine d'intolérance et de trahison une souveraine n'a pas le droit de proposer à son peuple le libre choix entre deux religions. Poser ainsi la question, comme les faits eux-mêmes la posent, c'est la résoudre[3].

Les trois années qui suivent celle de sa conversion — les années 1561 à 1563 — sont au nombre des plus troublées que traversa non seulement la France, mais tout particulièrement la reine de Navarre. Elles comprennent l'édit du 17 janvier 1562, le plus favorable que les réformés aient jamais obtenu, sa cruelle violation par le duc de Guise, c'est-à-dire par le massacre de Vassy, la prise d'armes des huguenots destinée à maintenir l'édit et la souveraineté du roi qui l'avait promulgué, enfin les horreurs de la guerre civile. Voilà pour la France.

Et voici quelques faits significatifs pour apprécier la conduite de Jeanne d'Albret : son mari, après plusieurs hésitations, se range

---

testantisme, au jour de Pâques 1563. Voy. la lettre de félicitation adressée à cette occasion à la reine par Calvin, le 16 janvier 1561 (*Calvini opera* XVIII, 312), et *Hist. ecclés.*, I, 326.

1. Voy. *Bulletin*, t. XXXVII (1888), p. 535.

2. On s'étonne de ne pas voir figurer, parmi les *Lettres d'Antoine de Bourbon et de Jeanne d'Albret*, que M. de Rochambeau a publiées, en 1877, celles de cette dernière à Théodore de Bèze que renferme notre *Bulletin*, XVI (1867), pages 63 à 69.

3. L'abbé Poeydavant ne reproche à la reine, pour les années 1560 et 1561 que les crimes suivants : d'avoir fait faire un inventaire des revenus et biens ecclésiastiques (janvier 1561); assuré aux prébendés qui embrasseront la Ré-

ouvertement du côté de ceux qui ne veulent à aucun prix de la liberté de conscience. Bercé du fol espoir de recouvrer la Navarre espagnole, il devient l'allié du fameux triumvirat organisé par le duc de Guise et qui ensanglanta le royaume¹. Il veut absolument que sa femme aille à la messe, lui rend la vie intolérable; à l'instigation de l'ambassadeur d'Espagne, en mars 1562, il la chasse même de la cour sans lui laisser un liard. Puis il s'acharne sur son fils, le petit Henri, qui venait d'achever sa huitième année. L'ambassadeur d'Espagne exige que cet enfant se convertisse. Son père le rudoie, le fait fouetter à plusieurs reprises par un précepteur catholique qui avait remplacé l'honnête La Gaucherie. Le brave petit Béarnais résiste pendant quatre mois à ces ignobles traitements, et l'on ne parvient à le traîner à la messe que le 1ᵉʳ juin 1562².

Absolument dépouillée, dénuée de ressources, Jeanne, à Vendôme, est obligée de battre monnaie avec le produit du trésor de la collégiale³. Elle arrive ainsi jusqu'à la frontière de ses États. Mais Montluc l'y guette, et elle ne lui échappe que grâce au dévouement du sieur d'Audaux. Enfin, le 17 novembre 1562, la mort de son mari, causée bien plus par ses excès que par la blessure qu'il avait reçue au siège de Rouen, lui donne une entière liberté d'action⁴.

forme la jouissance de leurs prébendes, en même temps qu'elle permettait aux prêtres qui se convertissaient, de se marier; et obligé le clergé d'Orthez à laisser au pasteur Guillaume Rosier l'usage de l'Église pour le baptême de l'enfant d'un jurat d'Orthez, nommé Darradet (I, 131-112).

1. Veut-on un échantillon du jugement de Poeydavant? : « Le retour d'Antoine de Bourbon à la foi catholique fut préparé par des motifs humains ; mais il fut déterminé, dit-on, par d'autres d'un ordre supérieur, qu'il puisa dans sa conscience et d'après lesquels, on doit appeler son changement une conversion chrétienne... Le désintéressement qu'il montra dans cette conduite, en renonçant aux avantages de la ligue protestante et surtout au ressentiment de son cœur contre les Guises ses ennemis, semble un garant de sa sincérité, de sa droiture et de la générosité de son âme. » (I, 125-126.)

2. Voy. pour tous ces faits, très sommairement résumés, le savant ouvrage de M. de Ruble, *Antoine de Bourbon et Jeanne d'Albret* (Paris, Labitte, 1881-1886, 4 vol. in-8), t. IV, chap. XVI.

3. Le 19 mars 1562. Il eût assurément mieux valu que la reine ne fût pas obligée de recourir à cette extrémité. Mais le parti catholique qui poussa son mari à la priver du nécessaire, a moins que personne le droit de s'en plaindre. Je parlerai plus loin des désordres dont l'escorte de la reine se rendit coupable.

4. M. Bascle de Lagrèze cite à ce propos (*la Navarre française*, I, 304) ces vers de *la Navarride*, de Palma Cayet :

Pour le coup, la reine de Navarre, désormais réellement souveraine, va interdire chez elle la religion qui lui a valu tant d'avanies. Erreur ! — Le 2 février 1563, retenons cette date[1], après avoir consulté l'assemblée de ses Etats, elle proclame la liberté de conscience, ordonne le maintien du *statu quo* et la liberté de culte dans ses domaines, pour les catholiques aussi bien que pour les protestants, et interdit sévèrement toute entrave mise par les uns aux droits des autres[2]. Je ne crois pas qu'une ordonnance aussi libérale au point de vue religieux ait été promulguée dans aucun autre pays de l'Europe à cette époque[3].

Il est vrai que Jeanne était fortement exhortée « à renverser du tout la papauté ». Calvin prend occasion de la mort d'Antoine de Bourbon pour lui remontrer son devoir, en reconnaissant néanmoins que tout ne peut se faire « en un jour[4] ». Il lui a envoyé Jean Raymond Merlin qu'on peut appeler l'organisateur de la Réforme en Béarn et dont on possède deux longues lettres, du 23 juillet et du

> La royne Jeanne estoit pour lors à Pau
> Qui, entendant ce désastre nouveau,
> Devint en soy de fait toute éperdue
> Et à peu près en eut l'âme perdue.

Il y ajoute cette réflexion fort juste que la reine fut peut-être la seule qui regretta Antoine de Bourbon.

1. Je la donne d'après Poeydavant qui seul la mentionne ; mais comme il est évident que pour certains documents, que ce dernier cite, il a simplement transcrit la date qu'ils portaient sans la réduire au style nouveau (Voy., par exemple, p. 233 où il faut lire 1565), je me demande si cette « patente du 2 février 1563 » n'est pas en réalité de 1564. Dans ce dernier cas, elle serait encore plus remarquable, car elle serait la réponse de la reine à la bulle d'excommunication du 28 septembre 1563.

2. « Que tous les sujets indifféremment, de quelque religion et qualité qu'ils soient, puissent vivre en liberté de conscience, » et exercer leur culte là où il l'était lors de l'assemblée des États (12 janvier, Poeydavant, I, 215 ss.)

3. On sait que l'Allemagne vivait alors sous le régime du principe *Cujus regio ejus religio*, et que ceux qui n'étaient pas de la religion du souverain territorial y étaient tout au plus tolérés. En Suisse, le culte catholique était supprimé là où la Réforme avait triomphé, et *vice versâ*. En Angleterre, le culte catholique était aboli au moins en principe. Je ne parle pas, et pour cause, des pays catholiques, comme l'Italie et l'Espagne où il n'y avait de liberté que pour l'Inquisition.

4. « Cependant, Madame, je ne dis pas que tout se puisse faire en un jour. Dieu vous a donné prudence pour juger de la procédure que vous aurez à tenir, les circonstances aussi vous enseigneront quels moyens seront les plus propres. » Lettre du 20 janvier 1563, *Opera* XIX, 643.

25 décembre 1563, qui renferment les plus précieux détails sur la situation religieuse du pays. Lui aussi, il tendait à un changement radical. Mais son ambition était d'y gagner les États et jusqu'au clergé, en assurant ce dernier qu'il resterait en possession de ses bénéfices[1], qui ne serviraient à l'entretien du nouveau culte qu'après la mort des bénéficiaires. Eh bien, quand on relit ses lettres, on voit clairement que la reine était encore plus soucieuse que lui de ménager les susceptibilités et les intérêts de chacun et que ce qu'elle craignait par-dessus tout, c'était l'émeute, le trouble, que ce qui la préoccupait c'était le maintien de la paix[2].

Lorsqu'elle voyait dans une ville le peuple à peu près gagné par les prédications évangéliques, elle ne s'opposait pas à ce qu'on enlevât les images des églises[3], mais ailleurs elle les y laissait. En

1. Voy. ces lettres *Bulletin*, t. XIV et *Opera Calvini*, t. XX, n°ˢ 3,988 et 4,001. En voici quelques lignes relatives aux mesures proposées par Merlin : « ...Je prins résolution qu'il faloit entretenir les charges du ministère, des charges que les prestres supportent pour faire leurs offices et que les bénéficiers se devroyent bien contenter s'ils avoyent autant de revenu que s'ils arrentoyent leurs bénéfices... J'ay trouvé de telles charges que les prestres sont contraincts de supporter qu'elles montent à plus de vingt mille livres tous les ans... Et cependant ceux qui possèdent les bénéfices morront et leurs bénéfices ne seront plus baillés à des autres... Les prestres ayant cecy entendu en sont fort aises, et tous leurs parens, de sorte que je ne suis pas tenu d'eux de leurs plus grands ennemis ». Ainsi, Merlin ne voulait pas, comme quelques-uns de ses collègues, « qu'on ostast aux prestres leurs bénéfices, quelque danger qui en peut survenir ». Il n'en visait pas moins à la suppression du culte catholique : « Mais je n'ai jamais cessé de soliciter pour faire abbattre l'idolatrie : ce qui a esté différé, tant pour ce qu'il n'y a point d'exécution (?) que pour les grandes difficultés que mettent en avant ceux qui taschent d'empescher cest affaire ». (*Opera Calvini* XX, 91 et 94).

2. « Si je conseil à la royne d'en délibérer premièrement meurement avec son conseil, c'est comme si je lui conseillois de ne faire rien. Car j'ay expérimenté qu'on ne peut obtenir cela d'elle, de faire une délibération avec telle meureté qu'il est requis... (*Ibid.*, 95). En décembre de la même année 1563, il est encore plus affirmatif sur ce point : « ...Je voyois qu'il n'y avoit ordre d'obtenir de la roine de Navarre... que l'idolastrie fut du tout abolie de ce pays, qu'il n'y eust pour le moins quelque longueur de temps... Combien que la royne ayt tousjours un fort grand zèle,... ceste ardeur de laquelle elle brusloit pour abolir la papauté, est refroidie par la pratique de quelques-uns. » (*Ibid.*, 217-218).

3. Le 16 ou 17 juillet 1563, elles furent enlevées de la cathédrale de Lescar où Jeanne prit part à la communion le 18, selon Merlin, qui ajoute : « Je la suppliay... qu'elle assemblast les prestres et les consuls et qu'elle leur défendit de dire ou ouïr messe... ce qu'elle fit. *Mais depuis ils ne se sont pas gardés*

juin 1563, elle interdit les processions publiques qui étaient et ont toujours été une occasion de troubles, ainsi que les prédications fanatiques des moines[1], auxquelles on doit en grande partie les massacres qui aggravèrent alors et plus tard la situation dans tant de villes, à commencer par Paris et Orléans. En septembre elle imposa 15,000 livres sur le clergé en faveur du collège et du nouveau culte ce qui était assurément plus utile que les impositions levées périodiquement sur le même clergé par le roi de France, pour subventionner la guerre contre les hérétiques[2]. — En réalité Jeanne se conformait aux vœux des majorités[3], évitant de léser ou de méconnaître les droits acquis[4]. Elle résista si bien à la tentation que provoquait

d'en chanter et de faire comme d'avent... je crains qu'elle n'en puisse pas faire autant à Pau ce dimanche prochain. » (25 juillet, *ibid.*, 94). L'évêque de Lescar, à moitié protestant, prêta d'ailleurs la main à ce que Poeydavant appelle un « sacrilège » (I, 176).

1. Bordenave, *Hist. de Béarn*, 117. Ce fut encore Merlin qui provoqua la première mesure, et il avoue qu'elle indisposa fortement contre lui et ses propositions, les États par lesquels il espérait faire autoriser des disputes publiques (*ibid.*, 92). — Quant à l'effet des prédications monacales, qu'on lise là-dessus le livre de Labitte : *De la démocratie chez les prédicateurs de la Ligue*.

2. Bordenave, *op. cit.*, 117.

3. Voici, en quelques mots, le résumé de la situation du protestantisme, en Béarn, à la fin de 1563, d'après Merlin : « Les unes (Églises prot.) ont obtenu quelques temples repurgés des idoles, les autres ont obtenu que toute l'idolâtrie de papauté en fust abolie, de sorte qu'il reste bien peu de villes en ce pays qui ayent la papauté, ou elle ne soit pour la plupart abolie, voire même les principales bourgades et beaucoup de villages ont esté repurgés de la papauté, et cela a esté fait avec *telle diversité* que les plus grandes Églises ont souvent obtenu le moins et les moindres le plus... » (*Op. Calv.*, XX, 220.) Ainsi la reine laissait les autorités locales régler la question religieuse selon les dispositions de leurs commettants ; il en résultait que la Réforme avait le dessus dans les centres importants où le peuple était plus éclairé, et que le catholicisme conservait la prépondérance dans les campagnes. Mais la reine ne voulait pas proscrire ce dernier : « ...Elle ne pensoit pas que vous (Calvin), ny M. de Bèse, ny l'Église de Genève fust de mon avis pour abbattre toute la papauté en ce pays... elle dit que ce peuple est non seulement rude mais adversaire de l'Évangile, et que si on leur oste toute la papauté, on les laissera sans religion, encores qu'on leur face prescher l'Évangile, à cause qu'ils ne le voudront pas escouter ny recevoir. » (*Ibid.*)

4. La mesure la moins libérale qu'elle semble avoir prise, ce fut d'ordonner, à Sauveterre, même aux prêtres, d'assister aux prédications protestantes : « De la part de la reine, dame souveraine du Béarn, est fait commandement à tous habitants de la présente ville, avec ses prêtres, moines et autres gens, de quelque condition qu'ils soient, de se trouver et d'assister aux prédications qui se feront ordinairement par tous ministres en ladite ville, pour entendre la Parole de

— 14 —

la pénurie de son Trésor que Merlin, selon sa pittoresque expression, ne toucha pas une maille pendant son séjour et ne put obtenir que Calvin, qui avait antérieurement procuré 10,000 livres à Antoine de Bourbon, en y mettant « tout le sien », fût remboursé[1].

Là même où le culte catholique avait été remplacé par le « prêche », parce que la majorité était devenue huguenote, il fonctionna librement[2]. Et, fait bien rare, s'il n'est pas unique à cette époque, en beaucoup de lieux il continuait à être célébré jusque dans les mêmes églises que l'autre[3]. La Réforme gagnait du terrain, cela est certain, mais paisiblement, à tout prendre, et sans qu'un seul fait rappelât ce qui se passait alors dans le reste de la France, où la guerre civile

Dieu en tout honneur et révérence, sous peine d'être dits rebelles et désobéissans à sa Majesté et autre peine exemplaire. Mandons au procureur particulier de la ville et autres qu'il appartiendra, à la première réquisition et sans aucun délai, d'enquérir contre tous contrevenans, et, les informations faites, de les rapporter incontinent par devers ladite dame, pour qu'il en soit fait telle punition qu'il appartiendra. Mandons aussi au notaire de la présente ville, d'enregistrer la présente ordonnance, afin de servir à éternelle mémoire, laquelle sera publiée à son de trompe par tous lieux et cantons accoutumés de la ville, afin que personne ne puisse prétendre en ignorer. — Donné à Sauveterre sous le seing manuel des jurats de ladite ville, le 3 juin 1563, ainsi signé Delaplace ». (trad. du béarnais d'après un extrait manuscrit, ancien, du registre de la *Chambre ecclésiastique*, fol. 83, extrait appartenant à M. Soulice). — Poeydavant qui résume cette ordonnance (I, 210) ajoute qu'il croit qu'elle « fut alors particulière à Sauveterre » parce que le curé de la ville, Catalan, l'avait quittée pour prendre part à la guerre civile en France, où il avait péri, et que la reine profita de cette vacance pour introduire la Réforme. Dans tous les cas le catholicisme ne se fait pas faute, encore aujourd'hui, *d'interdire* formellement la lecture de la parole de Dieu et l'assistance au culte où elle est expliquée, et aucun fait ne prouve que les catholiques de Sauveterre qui désobéirent à l'ordre de leur reine, aient été châtiés. — Un pasteur ayant déclaré qu'on ne devait pas payer la dîme aux prêtres, Poeydavant lui-même reconnaît que la reine ordonna « l'exécution des anciennes lois » (I, 220-221).

1. « Quant aux 10,000 francs... on n'a pas un denier, de sorte que je vous puis assurer que si je ne me fusse avisé de prendre de l'argent dans Romans (patrie de Merlin), plus que je n'avois fait dans Genève, je n'aurois pas une maille »... « Depuis que je suis icy, je n'ai pas reçu une seule maille » (*Opera Calvini*, XX, 96 et 221). Voy. aussi la lettre de Calvin, *ibid.*, 36.

2. On peut inférer des lettres de Merlin, qu'il en fut ainsi, par exemple, à Lescar et à Pau.

3. Ceci est prouvé, entre autres, par divers règlements ou ordonnances sur les jours et heures des exercices réformé et catholique, dans les églises où les deux cultes étaient célébrés, par exemple, ceux des jurats de Lagor, 20 juillet 1564, des Etats du Béarn et de Bernard d'Arros, 28 mai 1566 (Poyedavant I, 231, L. Cadier, *Docum.* etc., p. 4, du tirage à part, et le document que nous publions ci-après).

accumulait des ruines et semait la tempête. Qu'il y ait eu çà et là une ombre à ce tableau[1], il serait puéril de le contester, mais encore plus puéril de le reprocher à la reine qui ne peut être tenue responsable de la conduite de tous ses sujets, pour peu qu'on se remémore le temps et les circonstances.

IV

Mais la Réforme s'implantant aussi tranquillement dans une province entière, cela ne faisait pas l'affaire des meneurs de la réaction cléricale qui s'organisait alors par toute l'Europe. Déjà en 1563, le 7 avril, le pape Pie IV avait excommunié les hérétiques, parmi lesquels la reine huguenote avait été spécialement recommandée à la sollicitude du légat du Saint-Siège dans le Béarn et la Navarre, le cardinal d'Armagnac. Cette mesure n'ayant abouti qu'à une verte réponse[2] de Jeanne à l'homme « qui après avoir reçu la vérité, l'avait abandonnée parce qu'il y avait trouvé l'avancement de sa fortune »,

1. Il y eut évidemment çà et là, résistance de la part du clergé catholique qui ne voulait point céder pour les prédications protestantes, les églises qu'il considérait comme sa propriété personnelle et exclusive. Mais cette résistance aboutit tout au plus, selon Poeydavant lui-même, à l'emprisonnement momentané des plus fanatiques (I, 208-209). C'est ce que l'excellent abbé appelle des « violences inouïes », et M. Communay, l'abolition de la messe *sous peine de mort* (*Revue hist. du Béarn et de la Navarre*, juillet 1882, p. 36). Il y eut aussi quelques désordres à Pau où le même clergé, le jour de la Fête-Dieu 1564, organisa une procession publique qui devint une « occasion de scandale » (Poeyd., 227-8).

2. La lettre du cardinal d'Armagnac et la réponse de Jeanne se trouvent dans Poeydavant (I, 188-198). Voici un passage de cette dernière d'après le texte, infiniment plus exact, d'Olhagaray que M. de Rochambeau a reproduit (*Galerie*, etc., pp. 180-185) : ...« Quand l'esprit de Dieu ne m'y attireroit point, le sens humain me mettroit devant les yeux infinité d'exemples, l'un et principal (à mon grand regret) du feu Roi mon mary, duquel discours vous sçavez le commencement, le milieu et la fin, qui a descouvert l'œuvre. Où sont ces belles couronnes que vous lui promettiés et qu'il a acquises à combattre contre la vraie religion et sa conscience, comme la confession dernière qu'il en a faite en sa mort est seur témoignage, et les paroles dites à la Royne en protestation de faire prescher les ministres partout s'il guérissoit? Voilà le fruit de l'Évangile que la miséricorde trouve en tems et lieu ; voilà le soing du Père éternel qui a mémoire de ceux sur qui son nom est invoqué ; et me faites rougir de honte pour vous, quand vous alléguez tant d'exécrations que dites avoir esté faites par ceux de notre Religion. Ostés la poultre de vostre œil pour voir le festu de votre prochain ; nettoyés la terre du sang juste que les vostres ont respandu, tesmoin ce que vous sçavez que je scay. Et d'où sont venues les premières

sa sainteté en prend une plus efficace. Le 28 septembre 1563, des affiches placardées sur les murs de Rome somment la reine de comparaître devant le tribunal de l'Inquisition, sous peine, après six mois, d'être solennellement excommuniée et d'avoir tous ses biens confisqués et mis en interdit « pour pouvoir être occupés par le premier qui aurait la volonté et puissance de ce faire[1] ».

Provoquer ainsi la spoliation, c'était mettre le feu aux poudres, car alors on tenait bien plus de compte qu'aujourd'hui d'une bulle du pape. On dit que Charles IX la blâma et que Jeanne réussit à faire placarder jusque dans Rome une protestation. Fort bien. Il n'en est pas moins vrai que les bons catholiques, et surtout ceux en mesure de mettre leur épée au service de leurs prétendues convictions, s'autorisèrent de cette auguste permission pour traiter une aussi dangereuse hérétique comme une véritable criminelle. On ne s'étonne donc pas d'apprendre que, d'accord avec les Guises, le roi d'Espagne ourdit un complot pour faire enlever la reine et ses enfants et la livrer de force à l'Inquisition[2]. La conspiration fut déjouée. Jeanne aurait pu profiter de cet attentat absolument injus-

séditions, lorsqu'en patience, par le vouloir du Roy et de la Royne, les ministres, tant en sa Cour que partout le Royaulme, preschoyent simplement selon l'édit de Janvier, et que le Conseil de M. le Légat, cardinal de Tournon et vous, brassiez ce qui a apparu depuis, vous aydans par tromperie de la bonté du feu Roy mon mary. Je ne veux pas pour cela approuver ce que, sous l'ombre de la vraye Religion, s'est fait en plusieurs lieux, au grand regret des ministres d'icelle, et des gens de bien, et suis celle qui crie vengeance contre ceux-là, comme ayans pollué la vraye Religion, de laquelle peste, avec la grâce de Dieu, Béarn sera aussi bien sauvé, comme il a esté jusques icy de tous les autres inconvéniens. » — Pourquoi M. de Rochambeau n'a-t-il pas inséré cette lettre au milieu de celles qu'il a publiées de Jeanne et d'A. de Bourbon?

1. *Bordenave*, p. 121. Poeydavant glisse naturellement sur cette bulle dont il ne donne même pas la date et dont il prétend que l'effet ne subsista que quant à l'excommunication.

2. On ne peut, actuellement fixer la date de cette conspiration racontée tout au long dans les *Mémoires de Villeroy* qui la placent en 1565, ce qui ne concorde guère avec certains faits mentionnés dans ce récit (voy. l'article de M. Feer dans le *Bull.*, t. XXVI, 1877, p. 207 à 219 et 279 à 285). Mais il est encore plus difficile de la nier, comme Poeydavant essaye de le faire contre le témoignage de de Thou (livre 36, voy. I, 235). Elle paraît avoir été précédée par un soulèvement de la basse Navarre (*Ibid.*, p. 223) et avoir eu lieu *après* 1563, puisque dans sa lettre du 25 déc. de cette année, R. Merlin, parlant d'un bruit de conspiration de ce genre dit : « on a cognu cela estre faux », mais ajoute que la reine « en a esté comme toute étourdie de peur », ainsi que par « l'adjournement que le pape luy faict. »

tifiable pour édicter au moins des menaces contre les suspects. Or, elle ne se vengea en aucune manière. En cherchant bien, on voit seulement que la Réforme progressait au point que les trois évêques Louis d'Albret, de Lescar, Claude Regin, d'Oloron, et François de Noailles, de Dax, passaient à Rome pour suspects d'hérésie presque au même degré que leur souveraine[1]. D'autre part le catholicisme continuait à jouir de la même liberté qu'auparavant puisque le chapitre de Lescar s'était reconstitué dans la chapelle de Saint-Martin de Goerets, et celui d'Oloron, à Mauléon en Soule[2]. Ainsi ceux qui avaient espéré pêcher en eau trouble en furent pour leurs frais, grâce à la vigilance, à la patience et à la tolérance de la reine et de son peuple.

Ceux qui avaient la direction du mouvement évangélique en Béarn auraient voulu toutefois des mesures plus radicales. En 1565 ou 1566 un synode tenu à Nay délègue auprès de Jeanne, alors à Paris, son modérateur, Michel Vigneau, pasteur à Pau, pour la supplier d'interdire les exercices du culte catholique[3].

Je n'éprouve aucun embarras à le regretter, pas plus que Théodore de Bèze n'en éprouva à blâmer, en 1562, la violation des sépultures de Vendôme, dont les soldats qui accompagnaient alors la reine chassée de la cour s'étaient rendus coupables[4]. Mais ce qui importe ici, ce n'est pas notre opinion, c'est celle de Jeanne. Se rendit-elle au vœu du synode? Ce serait manquer à la vérité que de le nier. Mais si elle en tint compte, ce fut le moins possible[5].

1. Le premier de ces trois évêques se maria, et le second, voulant imiter la modération de son prédécesseur Gérard Roussel, passait depuis longtemps pour un catholique fort tiède. Ils furent cités à Rome pour se justifier, ainsi que le troisième (Poeydavant, I, 240).
2. *Ibidem*, 239.
3. Au rapport de Bordenave c'est bien le synode de Nay qui députa Michel Vigneau (p. 123), mais Olhagaray (page 563) dit que cette députation fut envoyée par une assemblée tenue en juin 1566 (Voy. un article de M. Soulice, sur les Synodes dans le *Bull. de la Société des sciences, lettres et arts de Pau* de 1879-1880, Pau, 1880, p. 175).
4. Cette lettre, dans laquelle Th. de Bèze désapprouve très nettement toute violence, a été imprimée par M. de Rochambeau (*Lettre d'A. de B. et J. d'A.*, p. 233). On peut la rapprocher de celle, encore plus explicite, que le même réformateur adressait en 1578 aux Églises de Châlons et Vitry (Herelle, *la Réforme et la Ligue en Champagne, Documents*, n° 62).
5. On verra, plus loin, que Poeydavant ment lorsqu'il affirme (p. 258) que la reine accorda *au delà de ce qu'on lui demandait*.

Les fameuses ordonnances de juillet 1566 se bornent, en effet, en ce qui concerne le catholicisme, à renouveler l'interdiction des processions et des prédications, à prohiber la repourvue des bénéfices *vacants* (qui seront affectés au nouveau culte), la mendicité des moines (il y avait donc encore des moines qu'on laissait mendier!), les sépultures dans les églises et *pendant les prêches*, et la réinstallation du clergé dans les lieux « dont la religion romaine aurait été extirpée ». On peut relever dans ce règlement, qui devint le signal d'une véritable insurrection, une ou deux dispositions antilibérales, mais prétendre qu'il « *abolissait la messe sous peine de mort, ordonnait la destruction des images et la confiscation des biens ecclésiastiques* », est une pure calomnie[1]. D'ailleurs, ce qui prouve bien que la reine répugnait fortement aux mesures extrêmes, c'est ce passage d'une lettre qu'elle adressait à Th. de Bèze, le 6 déc. de cette même année 1566 :

Je vous prie me mander comme je doibs user du faict de la Religion pour abatre entièrement l'idolatrie. Je ne demande pas s'il le fault faire, car le commendement de Dieu me répond assez en cella, mais des moyens, veu la rudesse de mon peuple. Je m'en estoys proposé ung, de faire voir au peuple la vérité par disputes publiques, comme presque ung petit concille national, et en faire ung arrest pour l'exécuter, afin que mon peuple ne cuide que je veuille isy leur introduire une religion nouvelle et inventée des hommes. Je vous prie Monsieur de Bèze, au nom de Dieu, m'en mander vostre avis et prier Dieu pour moi, afin qu'il me justifie et assiste en une telle œuvre[2]...

Quand on se donne la peine d'examiner dans leur ordre chronolo-

---

1. Bascle de Lagrèze, *la Navarre française*, I, 305. Grâce à la complaisance de M. Soulice, qui en a retrouvé une copie à la Bibliothèque d'Auch, je puis donner plus loin le texte jusqu'ici inédit de ces ordonnances de 1566. En le lisant, on verra que Poeydavant exagère singulièrement lorsqu'il s'écrie qu'elles *furent regardées comme le dernier signal de l'intolérance contre les catholiques, et l'exclusion de leur culte passa pour une violation ouverte de cette liberté religieuse*, etc. (p. 260). Le culte catholique *a été si peu supprimé* qu'un article de ce règlement rappelle les heures qui lui avaient été assignées là où il était célébré en même temps que le culte protestant; la reine se borne à l'interdire *là où l'on n'en voulait plus*, c'est-à-dire à laisser le peuple libre de le garder ou de le repousser. Elle n'exclut pas non plus les catholiques de la direction des écoles (Poeydavant, I, 273).

2. Voy. *Bull.*, XVI (1867), p. 66.

gique les faits rentrant dans le cadre de cette étude, on éprouve peu à peu un sentiment pénible. On voit, ce qui n'est pas à l'honneur du cœur humain, même catholique, que plus la reine de Navarre s'efforçait de ménager ses ennemis, ou plutôt ceux de sa religion, plus elle les exaspérait. On a vu le pape répondre à sa proclamation de la liberté de conscience par une provocation à la spoliation. On va voir intervenir maintenant et avec succès, au profit d'un clergé qui criait à l'égorgement parce qu'il n'était plus le seul maître, les intrigues de la cour de France.

Un gentilhomme, Charles de Luxe, était secrètement à la solde de Charles IX, uniquement pour trahir sa souveraine. Aucune de ses manœuvres n'aboutit, car la Providence et la justice divines n'oublient jamais les traîtres, même lorsqu'ils sont payés par des rois. Mais à partir de ce moment, c'est-à-dire de la révolte de la basse Navarre, fomentée par ses menées en 1566-67, et d'ailleurs promptement réprimée, la reine est constamment obligée de surveiller ses allées et venues, de se déplacer et enfin de fuir[1].

Qui prétendra, sachant quel crime c'était, au XVIe siècle, de conspirer contre un souverain, qu'une autre ne se serait pas vengée? On attentait à sa vie, on faisait appel aux pires instincts et aux plus basses convoitises pour la dépouiller. Eh bien, non! la révolte étouffée, Charles IX plaide la cause des conjurés, Jeanne leur pardonne, et Charles de Luxe reçoit du roi de France, pour prix de cette amnistie si bien gagnée, le collier de l'ordre de Saint-Michel[2].

Voici d'ailleurs une révélation nullement préméditée des sentiments qui animaient la reine à cette époque si critique pour elle. Une lettre qui avait été promise à notre *Bulletin* et qui vient de paraître dans un autre recueil[3] nous l'apprendra.

En 1563, sur la recommandation du prince de Condé, Jeanne avait remplacé pour l'administration de son comté de Périgord, son chancelier Bouchard, qui était vendu aux Guises, par un conseiller

---

1. Voy. Bordenave, 132 ss. et Poeydavant, I, 269 ss. et 282 ss.
2. Bordenave, 149 ss. Poeydavant, I, 286. Avant l'intervention de Lamothe-Fénelon au nom du roi de France, trois « des plus séditieux » avaient été pendus. Le 30 nov. de l'année 1569, Charles de Luxe reçut une gratification de 20,000 livres (Communay, *les Hug. dans le Béarn et la Navarre*, 129, n° I.)
3. *Bull. hist. et philolog. du Comité des travaux historiques et scientifiques*, 1890, n° 4, p. 449-451.

du parlement de Bordeaux chassé de cette ville pour cause de religion en 1562. Le procureur du roi à Périgueux, un M. de Bordes, avait, je ne sais en vertu de quel ordre[1], assurément arbitraire, saisi les biens de tous les huguenots du Périgord, et par conséquent de ce juge général qui s'appelait Pierre Lambert. Le 29 janvier 1568, la reine écrit de Pau à ce zélé procureur, pour réclamer contre ce procédé, en termes pleins d'esprit et d'élévation comme on va le voir :

Pau, 25 janvier 1568.

Monsieur de Bordes, advertie comme à vostre requeste tous les biens et meubles de Me Pierre Lambert, juge général de mon Conté de Périgord, ont esté prins et saisis et transportés de sa maison en la ville de Périgueux, avec tous ses papiers, titres et enseignemens, entre lesquels il y en a plusieurs qui m'appartienent et qui me sont d'une fort grande importance, toutefois je pense que vous l'ayes faict pour une bonne et juste occasion et pour les lui conserver, d'autant que ceux qui le connoissent, comme je sçay que vous faites, savent qu'il mérite qu'on ne lui fasse aucun déplaisir; joint que je serois bien fort déplaisante que pendant qu'il est à Paris ou au Grand Conseil où je l'ay envoyé pour mon service, il fût pour mon regard mal traité, mesme durant la calamité et aplication du temps où nous sommes, où il est besoin que chacun pence qu'il ne revient aucun profit de personne de la ruine de son prochain, estant sous une mesme subgession et obéissance et d'une mesme patrie et que ceux qui se comportent le plus modestement en telles choses, seront toujours trouvés parmi les personnes de bon et sain jugement, dignes de grand vertu et louanges, qui me fait assurer que vous voulez estre de ce nombre...

JEHANNE.

Je défie ceux qui, dans cette lutte, tiennent pour le parti de Catherine et de Charles IX, de me citer, d'eux ou de leurs serviteurs, une seule ligne exprimant, à l'égard de leurs adversaires, des sentiments dictés, comme ceux-ci, par la plus haute des raisons d'État, qui n'est autre que la justice toute pénétrée d'un véritable amour du bien public.

1. M. de Montégut qui a publié la recommandation de Condé (16 juin 1563) en faveur de Pierre Lambert et la lettre de Jeanne à M. de Bordes, dit que celui-ci avait agi d'après l'ordre du parlement de Toulouse qui faisait saisir les domaines de la reine. Or, ce dernier ne reçut cet ordre que le 18 octobre 1568, et Périgueux relevait, si je ne me trompe, du parlement de Bordeaux.

V

Tout le monde connait la belle scène tantde fois décrite, de la rencontre de Jeanne avec les chefs huguenots à la Rochelle (29 sept. 1569) et l'enthousiasme qu'elle provoqua, lorsqu'après la bataille de Jarnac et l'assassinat du prince de Condé, elle releva les courages, sacrifia tout ce qu'elle avait, et leur présenta le petit Henri alors âgé de 15 ans. Toutes les fois qu'à notre Bibliothèque je fais une recherche dans notre catalogue, mes yeux tombent sur une immense peinture inachevée, dans laquelle un des bienfaiteurs de notre œuvre, M. A. Labouchère, avait commencé, avant sa mort, à retracer ce brillant épisode.

Il n'y a, au dire des historiens, même protestants, qu'une ombre à cet admirable tableau. Jeanne prenait ouvertement parti pour les rebelles, contre le roi de France, et autorisait ainsi les représailles dont ses sujets et elle-même allaient devenir les victimes. Or, non seulement cela est faux, mais c'est le contraire qui est vrai. C'est Charles IX qui, bien avant ces événements, soudoyait ceux qui s'efforçaient de soulever les sujets de la reine et de confisquer son royaume. Et lorsque cette dernière se rendit à la Rochelle, ce fut, non de son plein gré, mais parce qu'il ne lui restait que ce moyen de mettre en sûreté sa vie et celle de ses enfants [1].

La rebellion contre l'ordre et la loi est donc du côté de la cour de France, et c'est sur elle seule que les faits, bien autrement décisifs que les apparences, font retomber l'accusation lancée, faute d'une étude attentive, contre la reine de Navarre [2].

On sait ce qui arriva. Le 18 octobre 1568, les parlements de Tou-

---

1. Voy. Bordenave, 150-152 et la lettre de Jeanne à Catherine de Médicis (*Ibidem*, 162). Lamothe-Fénelon qui avait obtenu la grâce des révoltés de la basse Navarre, essaya d'abord de faire aller la reine à la cour. Comme elle ne se pressait pas de se livrer ainsi à ses pires ennemis, Jean de Losses fut chargé de l'enlever, ou au moins ses enfants. Poeydavant ne parle que de la commission qu'avait reçue pour cet objet Montluc (p. 299), mais nous entretient, par contre, du projet de Pie V qui ne songeait à rien moins qu'à déposer la reine de Navarre, ou à charger le roi d'Espagne de saisir son royaume (p. 298).

2. Elle-même écrit, d'ailleurs, à Charles IX, le 16 septembre 1568, de Bergerac : « Les armes ne sont entre nos mains que pour ces trois choses là, empescher qu'on ne nous rase de dessus la terre (*comme il a esté comploté*), vous servir et conserver les princes de vostre sang. » (Bordenave, p. 158.)

louse et de Bordeaux reçoivent l'ordre, avec l'aide de Charles de Luxe, de saisir les domaines de la prétendue révoltée[1]. Le 4 mars 1569, le seigneur de Terride en est nommé d'office gouverneur, avec la mission d'en extirper l'hérésie et surtout (5 juillet 1569) de confisquer les biens des hérétiques. Tous les fanatismes et toutes les convoitises que la circonspection, la tolérance et la justice de Jeanne d'Albret, avaient réussi à contenir pendant plus de sept ans, se donnent libre carrière. La terreur règne en Béarn, et il n'y a rien qu'on ne s'y permette contre les protestants livrés sans défense à leurs bourreaux parce que la plupart de ceux qui auraient pu les protéger avaient volé au secours de leur souveraine, et que Gramont, son lieutenant-général, oscillait entre les deux partis[2].

Les desseins des catholiques apparaissent désormais en pleine lumière. Il ne s'agit de rien moins que de la suppression radicale, expéditive surtout des réformés béarnais, et de la confiscation, au profit de la couronne de France, de la couronne de Navarre.

Navarrenx seule résiste aux insurgés. Depuis plusieurs mois et pour la première fois depuis 1560[3], le sang de ses sujets coule, et les pasteurs surtout et leurs familles sont traités comme aux plus sombres jours de Henri II de France. Malgré toutes ces nouvelles, plus douloureuses les unes que les autres, Jeanne attend, pour agir, les dernières extrémités.

---

1. Il y eut évidemment des poursuites antérieures ordonnées, à l'instigation du cardinal de Lorraine, par le parlement de Bordeaux, d'après la lettre de Jeanne à la reine, du 16 septembre 1568 (Bordenave, p. 157) et celle que je viens de citer.

2. On trouvera tous les détails désirables sur la persécution exercée contre les protestants du Béarn, dans la dernière édition de l'*Histoire des martyrs* (Toulouse, 1885-1889, t. III, 858-870). Ce récit qui a été présenté en 1617 au synode de Vitré, a été savamment annoté par le regretté M. Léon Cadier. — Voici une note extraite d'un registre d'état civil protestant de Salies, qui prouve que le culte réformé fut partout interdit : « Depuis juin jusqu'en octobre de ceste année 1569, il n'y eut aucun enfant baptizé en ceste ville, à cause de la guerre, pour ce que, Terride estant venu au pais avec une armée, interdit l'exercice de la religion. On portoit les enfans à Vidache pour estre baptizez. Mais Mongomery estant venu au secours, et défaict l'armée de Terride, restablit, en octobre, l'exercice d'icelle. »

3. On ne connait, dans ces régions, pour les années antérieures à 1569, qu'une seule persécution religieuse qui fit des victimes, mais elle fut l'œuvre du fanatisme catholique. Le 1ᵉʳ sept. 1562, le curé d'Asté en Bigorre, *Bernard Castelhon*, ou de Castillon, avait été exécuté pour cause d'hérésie, et au moins neuf autres personnes, dont trois prêtres, avaient été poursuivies, voy. *Bull.*, XV

Si elle avait différé plus longtemps, je n'hésiterais pas à dire qu'elle aurait trahi le plus sacré de ses devoirs de reine... Le 10 juillet 1569 enfin, Montgomery était chargé par elle de reconquérir ses États. Peut-être reçut-il alors un exemplaire de cette médaille que Jeanne avait fait frapper et sur laquelle elle fit graver ces grandes et fortes paroles : *Jeanne, par la grâce de Dieu, reine de Navarre, seule et avec les autres, pour Dieu, le royaume, les lois et la paix. Ou victoire entière, ou paix assurée, ou mort honneste*[1].

On connaît aujourd'hui jusqu'aux moindres détails de cette mémorable campagne de vingt jours qu'un juge aussi expert que peu suspect, Montluc appelait le « plus beau traict de guerre » du siècle[2]. Oui, répliquent les catholiques, mais c'est une deuxième édition des cruautés du baron des Adrets. — J'en suis bien fâché pour mes contradicteurs, mais cela n'est pas exact. La grande supériorité de Montgomery, c'était une promptitude de mouvements qui tenait du prodige. Elle agit sur la mauvaise conscience des insurgés comme la rapidité fulgurante d'un jugement qui regagne le temps perdu.

Mais on n'a pas encore trouvé à la charge de ce capitaine d'autres méfaits que ceux qu'on peut reprocher à tous les hommes de guerre, des pillages, des incendies, des excès de soldats peu scrupuleux, et surtout des intimidations. Ah! pour ces dernières, il était passé maître, et je réponds qu'on n'attendait pas l'exécution de ses menaces.

Mais il est faux qu'il ait fait massacrer à Artix des frères mineurs d'un couvent, car ce couvent n'y existait pas. Il est faux qu'à Nay il ait fait passer sa cavalerie sur les têtes des récollets enterrés jusqu'au cou, car ces récollets n'ont vécu que beaucoup plus tard[3]. — Et l'enquête de 1575 qui parle de massacres? — Cette enquête, pos-

---

[1866], p. 297 à 299, XXXIX [1890], p. 360 à 366, et Ch. Durier et J. de Carsalade du Pont, *les Huguenots en Bigorre*, p. 87 à 109.

1. *Bull.* VII, 512 ss. et Poeydavant, I, 308.
2. Nous renvoyons pour toute cette partie, outre Bordenave et Poeydavant, aux deux volumes publiés par MM. Durier, de Carsalade du Pont et Communay : *les Huguenots en Bigorre et dans le Béarn et la Navarre* (Paris, Champion, 1884 et 1885, in-8), corrigés et complétés par M. Léon Cadier (*Revue de Béarn, Navarre et Lannes*, III, 1ʳᵉ livraison de 1885, p. 116 à 132, et *Bull.*, 1885-1886, tirage à part de 47 pages, in-8, *Documents pour servir à l'histoire des origines de la Réforme en Béarn*). Comparez aussi un compte rendu, *Bull.*, XXXIV (1885), p. 69.
3. *Revue de Béarn, Navarre et Lannes*, art. cité, p. 127, note 2.

térieure de six années aux événements, dirigée par les intéressés, elle ne mentionne que des pillages, des incendies, et le seul témoin qui parle de prétendus massacres, ne cite pas le nom et la demeure d'une seule victime[1].

Mais la capitulation d'Orthez, du 15 août 1569, et la violation de cette capitulation par le massacre des capitaines révoltés faits prisonniers? Cette odieuse violation d'un contrat régulier, à laquelle, — raffinement de cruauté — on prépara les victimes, le 24 août, au château de Pau, par une... collation, mais qui en réalité eut lieu le 21 août à Navarrenx où les prisonniers avaient été transférés, sait-on en quoi elle consiste? La capitulation portait que les prisonniers ne seraient mis en liberté que contre des otages ou une rançon[2]. Or ils tentèrent de s'évader et c'est ce qui les perdit. Des soldats qui les surprirent en tuèrent six au plus[3]. Ce qui est absolument hors de doute, Jeanne d'Albret, dont Montgomery resta sans nouvelles jusqu'au 5 septembre, n'a pas pu ordonner ce châtiment, et très probablement Montgomery lui-même y est étranger[4].

En réalité, ce dernier n'a fait exécuter de sang-froid que le gouverneur de Navarrenx, Bassillon qui le trahissait et faillit faire envahir la Navarre par 4,000 Espagnols qui n'attendaient qu'un signal pour traverser la frontière[5].

---

1. Voy. *Bull.*, 1885, p. 70. A propos de massacres de prêtres à Orthez, déjà le père Mirasson, barnabite, disait dans son *Histoire des troubles du Béarn* (1768), p. 133 : « Il ne faut pas croire les traditions populaires du Béarn, qui prétendent qu'elle faisait précipiter tous les ecclésiastiques dans le Gave qui passe à Orthez ; *les historiens n'en disent mot.* » Poeydavant (I, 370) se fâche tout rouge contre cette phrase d'un coreligionnaire, mais n'allègue, en faveur de la *tradition*, qu'un *factum* de 1630 et un passage d'un prétendu manuscrit, *sans date*, qui ne donne pas, d'ailleurs, le nom et la qualité d'un seul de ces ecclésiastiques, pas plus que la ou les dates de leur mort. Il est, de plus, douteux qu'il y eût à ce moment beaucoup d'ecclésiastiques en Béarn, car Poeydavant lui-même constate que dans les villes moins huguenotes qu'Orthez, comme Oloron et Lescar, ils avaient déjà quitté le pays en 1568 (p. 200).

2. Communay, *les Huguenots dans le Béarn et la Navarre*, p. 49.

3. C'est ce que dit la reine de Navarre elle-même ainsi que Montluc, et qu'aucun texte n'est venu contredire jusqu'ici (*Ibidem*, p. 70).

4. *Ibidem*, p. 69, note, *Revue de Béarn, Navarre et Lannes*, art. cité, p. 127, note 1, et Léon Marlet, *le comte de Montgomery* (1890, in-8) p. 105 à 109 où toute la conduite du vaillant capitaine est soigneusement étudiée et jugée et l'origine de la légende de Favin mise en lumière.

5. Voy. sur ce fait, qui restait douteux, les documents décisifs cités par M. L. Marlet, *op. cit.*, p. 95 et 96.

Oui, il y a eu massacre, et cela non à Navarrenx ni à Orthez où l'on ne peut citer le nom d'une seule victime, — je parle de prêtres qui auraient été précipités dans le Gave [1], — mais bien réellement à Pau et ailleurs. Ce fut celui d'une douzaine de pasteurs [2] dont nos contradicteurs connaissent les noms aussi bien que nous, ainsi que de plusieurs de leurs paroissiens. Ceux-là furent exécutés de sang-froid et je ne raconterai pas, car nous rougirions de honte, le supplice de la femme de l'un d'eux [3].

De grâce, si l'on tient à l'intolérance de Jeanne d'Albret, qu'on daigne ne pas oublier ces preuves documentées de la tolérance cléricale. Et si l'on parle de l'intolérance du synode de Nay, qu'on se souvienne que son modérateur, le pasteur de Pau, Michel Vigneau qui avait porté à Jeanne la requête tendant à l'abolition du culte catholique, expia le premier cet excès de zèle sur le gibet. *Parce sepulto*, disaient les anciens. Je dirai *parce trucidato*, épargnons la mémoire de ceux dont on n'a pas épargné la vie !

1. Voy. plus haut. Voici la fin de la citation du père Mirasson que je regretterais d'omettre : « elle (Jeanne d'A.) punissoit des rebelles, des séditieux et des gens qui croyoient qu'on ne devoit pas lui obéir dans les choses temporelles, parce qu'elle étoit hérétique. Cette maxime de Ligueur étoit fort accréditée de son tems et Henri IV, son fils, en ressentit les funestes effets. S'il y eut des catholiques injustement mis à mort, il est vraisemblable que ce fut à son insu et contre son intention; comme il arrive dans les tems de trouble, où les exécuteurs des volontés des grands en font souvent plus qu'on ne leur dit. Je ne crois pas cependant qu'on puisse la justifier au sujet de Sainte-Colombe et des autres gentilhommes pris au château d'Orthès... » On voit que même pour ce dernier fait, il hésitait. — Il y eut, selon Bordenave (269), une forte tuerie à Orthez, parce que les troupes catholiques, n'ayant pu empêcher Montgomery de traverser le Gave et de monter à l'assaut, furent si bien surprises par son arrivée, que la ville servit en quelque sorte de champ de bataille aux deux armées.

2. Voici leurs noms, *Michel Vigneau*, pasteur à Pau; *Honorat Alizieu*, m. de Garlin; *Pierre du Bois*, ministre de Lescar; *Antoine Poirat*, ministre à Tarbes ou Morlaas; *Augier Plantier*, ministre de Beuste; *Pierre Loustau, Mathieu du Bédat* et *Jean du Luc*, ministres à Lembeye; *Bertrand Ponteto* et *Antoine Buisson*, ministre d'Oloron; *N. Menaut* et *Jean Montagnart*, dit *Barrue;* on fit mourir aussi *Guill. More* qui avait été prêtre. Voy. Crespin, Bordenave et Cadier, *Docum.*, etc. Crespin cite les noms de seize autres personnes qui furent assassinées.

3. La femme d'*Antoine Buisson* (Crespin, 865, Bordenave, 248). Environ seize pasteurs avaient été emprisonnés à Pau; cinq eurent la vie sauve, savoir *Pierre Viret, Geoffroy Brun*, ministre de Lacq, *Sabatier, Arriulat* et *Martel* (Crespin, 860 et Cadier, *Doc.*, p. 7).

VI

Une dernière fois, bien peu de temps avant la fin que devait éclairer l'aurore sanglante de la Saint-Barthélemy, Jeanne est souveraine incontestée de ce que Charles IX n'a pas réussi à lui enlever[1]. N'aurions-nous pas, sinon recherché et châtié les félons, du moins

---

[1]. On publia à ce moment une *Ode sur la deffaicte de l'armée papistique du Béarn, sur le chant, de Lyon la bonne ville j'ai chassé tous ces cagots*, etc. Imprimé nouvellement, MDLXIX (*Recueil des poésies françaises des* XVe *et* XVIe *siècles*, par A. de Montaiglon et J. de Rotschild, XI, 152). En voici trois strophes (il y en a 21) :

> Où est ores caste armée
> Où sont or' ces petitz rois,
> Qui leur ruine ont tramée
> En pensant mettre aux abois
>   Leur dame et roine
>   De doulceur pleine
> Envers eux mesmement,
>   Et par leurs guerres
>   Ravir ses terres
> Malicieusement.

> Dieu, tuteur de l'innocence,
> Protecteur de l'équité,
> A frustré votre espérance
> Pleine d'infidélité,
>   Mectant en route
>   L'armée toute
> Où vostre force estoit,
>   Et par l'espée
>   L'ayant traictée
> Comme elle méritoit.
> . . . .

> Vostre Royne n'est pas morte
> N'est nomplus de là la mer ;
> Mongommeri faict en sorte
> Qu'encor vous l'oyez nommer,
>   Saine, vivante,
>   Grande et puissante
> Assez pour vous dompter
>   Et rendre vaine
>   Du chef la peine
> Qui vous veut conquester. etc.

Malheureusement l'introduction historique à cette réimpression réédite, contre Jeanne d'Albret, précisément les calomnies qu'on réfute ici.

pris des mesures pour les empêcher de recommencer? L'intolérante huguenote n'en a pas pris d'autres que d'envoyer de la Rochelle, le 31 mai 1570, un pardon général à tous ses sujets[1]. L'amnistie, voilà donc à quoi se réduit la cruauté d'une reine échappée à la plus formidable et la plus impitoyable des insurrections.

Ce pardon désarmera-t-il au moins ses ennemis? Hélas! non. L'année 1570 est ensanglantée par un nouveau soulèvement de la basse Navarre. Rabastens est assiégée par Montluc et je conseille à ceux qui crient contre Montgomery, de comparer sa conduite à la félonie et aux atrocités que le dévot capitaine catholique se glorifie d'avoir commises à Rabastens et dont rougirait aujourd'hui le dernier des sauvages[2]!

La patience ne nous aurait-elle pas échappé à la fin? Écoutons Jeanne, écrivant le 7 mars 1571 à son lieutenant-général, le brave Bernard d'Arros : « Que rien ne soit changé au fait de la religion ni qu'aulcun ne soit forcé ni contrainct pour le faict de la conscience[3]. » — N'est-il pas vrai que ce texte authentique emprunte, à la date qu'il porte, une signification qui vaut plus que tous les discours?

Mais quand la reine persistait ainsi, en dépit de toutes les trahisons et de toutes les déceptions, dans ce qu'elle croyait et qui est vraiment, aux yeux des plus prévenus, la droite et loyale ligne du devoir — ses sujets trouvent que décidément elle devient la risée de ses irréconciliables ennemis. Un synode se réunit à Pau en 1571, puis, le 31 octobre, l'assemblée des Etats de Béarn[4]. Ils considèrent que partout les catholiques, effrayés et ne croyant évidemment pas à des paroles de pardon qu'ils n'auraient peut-être pas prononcées

---

1. Bordenave, 305, « exceptant seulement les chefs des complots », qui avaient refusé de se soumettre (Comp. Communay, *les Huguenots dans le Béarn et la Navarre*, p. 125, note 1.)
2. Voy. Bordenave 306 à 308.
3. Communay, *op. cit.*, p. 124. Ces instructions confirmaient provisoirement les ordonnances de d'Arros et Montamat, promulguées le 28 nov. 1569, aussitôt après les troubles. Elles interdisaient le culte catholique qui avait, du reste, partout cessé, mais permettaient aux prêtres et aux moines qui le demanderaient, le séjour dans le Béarn (Poeydavant, 1, 424).
4. Bordenave, 319 : « L'abolition générale de toutes les choses passées pour raisons des troubles y fut confirmée et le *tableau des proscrits abattu*. »

sérieusement, ont quitté le pays[1]. Le moment est venu de faire triompher la Réforme : Puisqu'il ne consent à exister que s'il est le maître unique et absolu des corps et des âmes, il faut abolir le catholicisme[2].

C'est à la suite de ces requêtes, et pour se conformer au vœu de ses sujets, comme elle le dit d'ailleurs expressément, que Jeanne signa, le 26 novembre 1571, ces fameuses *ordonnances ecclésiastiques* qui sont devenues le thème de tant de déclamations et que si peu d'historiens se sont donné la peine de lire[3].

Que reproche-t-on à ces ordonnances? La saisie des biens ecclésiastiques. Voilà le grand grief, celui qui, déjà sous Henri IV et surtout sous Louis XIII, devint le thème invariable des réclamations, des plaintes, des menaces d'un clergé assurément plus soucieux en cette affaire de son temporel que du spirituel. — Ces biens ont-ils réellement été confisqués?

Le 2 octobre 1569, pour les soustraire à la convoitise de ceux que la domination de Terride avait ruinés, ou des pêcheurs en eau trouble, Montgomery en ordonna la saisie[4]. Huit jours plus tard, le

---

1. « Et tout ainsi que la guerre avoit chassé le presche du païs, semblablement la guerre en chassa la messe, car tous les prestres s'enfuirent tellement lors de tout le Béarn, que jamais depuis nul y est entré pour y chanter messe, ne fere aucune cérémonie romaine. » *Ibid.*, p. 282.

2. Le court séjour que j'ai fait en Béarn ne m'a pas permis d'y faire des recherches sérieuses. Mais j'ai pu dépouiller personnellement les plus anciens registres d'état civil protestant de *Salies* et de *Pau* qui remontent, le premier à l'année 1568, et le second à 1571. On y voit fort bien qu'à cette époque ces localités avaient entièrement passé au protestantisme, y compris plusieurs des villages qui entouraient Pau. A Salies on compte, de 1569 à 1574, plus de 650 baptêmes protestants, soit une moyenne d'au moins 110 par an (car il y a des lacunes dans les registres). De 1621 à 1630, après que le catholicisme eut repris les deux églises de Saint-Martin et Saint-Vincent, ce dernier ne put inscrire qu'une moyenne de 4 baptêmes par an. Cette seule comparaison prouve qu'à la fin du XVIe siècle, il n'y avait plus de catholiques à Salies. — A Pau, entre 1572 et 1579, on compte, en y comprenant les villages environnants (jusqu'à Jurançon inclusivement) plusieurs fois plus de 150 baptêmes par an. Il est probable qu'il en fut ainsi dans la plupart des villes où la Réforme s'était implantée depuis 1560. Or, supprimer le catholicisme dans ces conditions, c'est-à-dire quand il n'y avait pas de catholiques, cela équivalait à lui interdire le rétablissement du culte là où il n'avait plus de fidèles.

3. Elles ont été imprimées par M. de Rochambeau, *Galerie des hommes illustres du Vendômois*, etc., p. 187 à 213.

4. Voy. ce texte dans Cadier, *Doc.*, etc., p. 37 :... « d'autant que nous avons entendu que plusieurs ont couru sur les fruictz d'iceulx bénéfices »...

synode de Lescar en interdit la vente. Ils furent donc mis sous séquestre et affermés jusqu'en 1571. Au synode de cette année Jeanne déclara qu'elle ne voulait pas en avoir la responsabilité et le pria d'élire un Conseil chargé de ce soin. C'est ce Conseil dont les articles 15 à 17 des *Ordonnances* fixent la nomination et les attributions[1]. Les biens ecclésiastiques furent désormais administrés par lui, au profit et suivant les besoins de l'Église qui avait remplacé le catholicisme. Dans la pensée de la reine ce dernier les avait reçus des souverains ou des particuliers dans l'intérêt religieux, *non de ses dignitaires, mais du peuple*. Or, le peuple s'était déclaré pour la Réforme, et avait chassé ses anciens bergers[2]. Il devait donc pouvoir affecter au culte et aux écoles qu'il préférait ce qui avait servi jusque-là à entretenir celui qu'il avait abandonné.

Bien qu'il n'y ait peut-être pas en Europe un seul gouvernement qui, à un moment ou l'autre, n'ait pas, à cet égard, traité l'Église romaine beaucoup plus cavalièrement que Jeanne, je ne tirerai de ce fait et de la *date* même des ordonnances aucun argument en leur faveur. Mais je soutiens qu'on n'a pas le droit d'appeler cette mesure une spoliation ou confiscation. La confiscation proprement dite, oui, elle a été pratiquée sur une large échelle, soit en France, soit en Béarn, depuis les origines de la Réforme jusqu'à la Révolution française, sur des milliers de luthériens, de huguenots, de prétendus réformés ou de nouveaux convertis morts sur le bûcher, dans les cachots, au banc des forçats, ou en exil ! Quand on aura démontré la légitimité de ce brigandage élevé par la casuistique ecclésiastique à la hauteur d'un devoir, il sera certainement facile de justifier un acte essentiellement désintéressé et qui finit par rapporter à ceux qui nous en ont rebattu les oreilles, le centuple de ce qu'il leur avait coûté[3].

Mais enfin, ces ordonnances de 1571 ne proscrivent-elles pas le

---

1. Les pages 35 et 36 du travail déjà plusieurs fois cité du regretté Léon Cadier renferment l'aperçu jusqu'ici le plus exact sur cette question des biens ecclésiastiques.

2. « Il n'estoit asses que les images et autels de la Papauté eussent été abattus et démolis, et l'exercice de cette religion *chassé par les armes*, si, par l'autorité de la justice souveraine, le démolissement n'estoit confirmé... » Bordenave, 319.

3. Il ne faut pas s'y tromper, en effet. La violente et cruelle campagne de Louis XIII en Béarn fut le premier pas du gouvernement dans la voie qui abou-

culte catholique? Implicitement sans doute, puisqu'on y lit cette phrase :... « Nous voulons que tous les subjects de nostre dict pays... facent profession publique de la confession de foy que nous publions maintenant[1] »... En réalité personne ne fut converti de force, et *aucune disposition de ces 77 articles n'abolit explicitement le culte catholique*. On peut même affirmer que, sur ce point, les ordonnances de 1571 abrogent virtuellement celles de d'Arros et de Montamat, des 28 nov. 1569 et 28 janvier 1570[2] qui interdisaient « tout exercice de la religion romaine ». De sorte que, pendant tout le règne de Jeanne, cet exercice n'a été prohibé que l'espace de deux années au plus, et cela non par elle, mais par ses lieutenants et pour punir les insurgés.

L'histoire des années qui suivent[3] prouve, d'ailleurs, que le culte catholique n'a pas été expulsé et n'a pas cessé d'être publiquement pratiqué[4]. Déjà sous Henri IV[5] il était redevenu celui de la majorité et rentré en possession des biens les plus importants. — La mère du Béarnais ordonna donc la profession de sa foi ou plutôt de celle de la majorité de ses sujets, et laissa au temps et à la liberté le soin d'y rallier ceux qui ne la partageaient pas. Les théoriciens du droit moderne peuvent attaquer les moyens qu'elle employa, mais ils ne relèveront à sa charge aucun fait de persécution religieuse nettement caractérisé[6].

---

tit d'abord à la réduction de la Rochelle, et plus tard, grâce aux persistantes obsessions du clergé, à la révocation de l'édit de Nantes.

1. Voy. le préambule des *Ordonnances*. La confession de foi dont parle Jeanne est celle de la Rochelle.
2. La première de ces deux Ordonnances se trouve dans Poeydavant, I, 124, la seconde a été publiée par L. Cadier, *Doc. cit.*, p. 39.
3. Voy. pour l'année 1573, la curieuse étude de M. Soulice, *Bernard, baron d'Arros, et le comte de Gramont*, 1573, Pau, 1875, 31 p. in-8.
4. Vers 1578 il n'y eut, au plus, que 72 pasteurs en Béarn. Ce chiffre que veut bien nous communiquer M. Soulice, prouve, à lui seul, qu'il y eut bien des localités où le culte catholique continua à être toléré.
5. L'édit de Nantes fut infiniment plus favorable au catholicisme en Béarn qu'aux protestants dans le reste de la France.
6. Je n'ai pu, en effet, découvrir un seul fait prouvant que Jeanne ait traité des catholiques comme ces derniers traitent, aujourd'hui encore, les protestants dans certaines régions de l'Espagne, pour ne pas rappeler ce qui se passait, à cet égard, en France, il n'y a pas si longtemps.

Essayons de conclure. — Rappelons-nous que la neutralité religieuse était, non seulement inconnue, mais impossible aux hommes du xvi⁰ siècle; efforçons-nous de tenir compte, d'un côté, des convictions ardentes, absolues de la reine et de son entourage ; de l'autre, des provocations et des attentats auxquels ses biens et sa vie n'échappèrent que par miracle, — et nous reconnaîtrons qu'au milieu de tant de conflits elle sut posséder son âme par la patience et tendre, non à la violence ni à la tyrannie, mais à la paix et à la liberté. Qu'elle ait plutôt entrevu et poursuivi que réalisé cette liberté, au sens absolu du mot, ceux-là seuls qui n'ont jamais outrepassé leurs droits, auraient celui de l'en blâmer.

Mais qu'elle l'ait voulue, poursuivie plus sérieusement et plus longtemps peut-être qu'aucun autre de son parti, pour s'en convaincre indépendamment de tout ce que je viens de dire, — en face de la reine Margot et de Henri III, désormais les héritiers de Catherine et de la politique cléricale, — il suffit de nommer ces deux testaments vivants de Jeanne, Catherine et Henri de Navarre.

Si dans les légèretés, les inconséquences et les changements de ce dernier, on retrouve le sang d'Antoine de Bourbon — assurément c'est Jeanne d'Albret qui revit dans son clair bon sens, son humanité et sa tolérance, non moins que dans l'inébranlable fermeté, dans la douceur et dans les afflictions si chrétiennement supportées de l'admirable Catherine de Bar.

On raconte que lors de la domination usurpée de Terride, les catholiques béarnais chantaient une romance qui commençait par ce refrain :

> *Birat s'es lo ben, Ninetes, birat s'es de l'autre estrem.*
> Le vent a tourné, Ninette, il a tourné de l'autre côté[1].

Eh bien, s'il n'a déjà commencé de tourner, je m'assure que le vent tournera, en ce qui concerne l'appréciation des principes et des actes de la reine Jeanne. La pure gloire de son âme vraiment royale n'éclairera pas seulement ce seuil des Pyrénées derrière lesquelles se sont tramées tant de conspirations fatales à notre pays, mais elle rayonnera sur la France toute entière. Quelque vantées que soient d'autres gloires, nous n'en avons pas assez pour exclure

---

1. Bordenave, 269.

ou avilir celle-là sous prétexte de religion. Et pour que la France soit grande et respectée dans le monde et dans l'histoire, ce n'est pas seulement dans le présent comme on l'a dit, mais aussi dans le passé qu'elle a besoin de tous ses enfants.

L'on reconnaîtra un jour que ceux qu'on excommunie ou qu'on essaye de déshonorer à cause de leur fidélité à l'Evangile, étaient pour le moins aussi bons Français que les autres ; que dans leurs rêves, leurs efforts et leurs souffrances pour le triomphe de leurs convictions, ils n'ont jamais séparé leur patrie, — notre patrie, — de leur foi !

N. Weiss.

RÈGLEMENT

DE JEANNE, REINE DE NAVARRE, DUCHESSE D'ALBRET

CONCERNANT LA R. P. R. POUR LE BÉARN, EN 1566[1]

Jeanne, par la grâce de Dieu, etc., attendu la teneur (des lettres) du syndic général de notre pays et souveraineté de Béarn, par lesquelles (lettres) dudit syndic nous ont été faites plusieurs remontrances sur l'ordre (concernant l'ordre) des Églises réformées de notre pays, correction et punition des vices, blasphèmes et instruction de la jeunesse par nous choisie, après longue et mûre délibération de notre bien aimé cousin, le seigneur de Gramont, notre lieutenant général et gens de notre conseil privé, avons établi et ordonné ce qui suit :

Est à savoir que dorénavant en notre pays et souveraineté, il n'y aura qu'un synode chaque année et il se tiendra le premier du mois de novembre ; là où est commandé à chacun des ministres de se trouver, sous peine d'amende ; la connaissance en est baillée à M. de Bonnefont, en l'absence de ladite dame et de son lieutenant général.

Tous procès commencés et à commencer sur le fait de mariage sont évoqués devant la personne de ladite dame et son Conseil privé, sans

---

1. Copie béarnaise, incorrecte, du XVIIIe s., que M. Soulice bien voulu faire transcrire et traduire (Bibliothèque d'Auch, dans les *Mémoires historiques de l'abbé Daignan du Sendat*, t. 1.) — Il ne reste plus à découvrir, maintenant, que l'ordonnance du 2 février 1563, sur la liberté de conscience, qu'on ne connaît que par le résumé de Poeydavant, voy. plus haut.

aucun renvoi, nonobstant tous Fors et coutumes, auxquels ladite dame déroge et dispense.

Ladite dame ordonne aussi que pour ce qui concerne la paillardise de toutes femmes, elles seront punies selon que le cas le méritera, par son Conseil ordinaire et autres juges, tant séculiers que laïques, sans en faire aucun renvoi.

Et pour couper court aux grands dommages illégitimes de notre dit pays, en ce que les Fors, coutumes et ordonnances de celui-ci [permettent] de prendre et de recevoir des dixmes et argent, nous ordonnons très expressément à notre procureur général d'en faire perquisition et poursuites, au cas où il n'y aura partie civile, et jusqu'à punition exemplaire.

Et quant aux ordonnances faites sur les danses publiques, elles seront nouvellement (de nouveau) publiées et les contrevenants seront punis rigoureusement sans exception de personne.

Il est défendu à tous marchands, trafiquants ou ayant boutique par tous les lieux et villages de notre pays, de vendre des cartes ni des dés à aucune personne sous les peines qui appartiendront.

Et quant aux femmes publiques en notre terre et souveraineté de Béarn, qui se trouveront ci-après en quelque part que ce soit, elles seront punies exemplairement et sans aucune figure ni forme de procès. Et elles sont dès à présent bannies du présent pays et il est commandé très expressément à tous nos officiers de faire exécuter la présente ordonnance.

Il en sera de même pour tous les mendians valides auxquels Dieu a donné la force et charge de pouvoir travailler; ils seront punis par les juges et magistrats de notre pays de la peine du fouet.

Défendons à tous moines et autres prêtres, de quelque ordre qu'ils soient, tant de mondit pays qu'étrangers, de ne faire aucune quête, sous les peines qui y appartiennent.

Pareillement est défendu à tous de la religion romaine de faire aucune procession publiquement par les rues, de porter en public, croix, bannières, ni autres vêture; ainsi si bon leur semble les feront en leurs cloîtres et temples et non autre part.

Et afin que la jeunesse soit mieux instruite dorénavant qu'elle ne l'a été par le passé, il sera entretenu au collège d'Orthez, un certain nombre d'écoliers avec pension suffisante qui leur sera accordée par le (trésor) public, à la discrétion et avis du Conseil ecclésiastique. Au collège sera placé un procureur suffisant pour être à la tête dudit collège avec deux régents.

Toutes personnes étrangères ou à marier sont déclarées naturels et jouissant de tous les privilèges des autres enfants naturels (nés dans) du présent pays.

A chaque ministre marié, il est accordé chaque année comme gages trois cents livres, et aux ministres non mariés deux cent quarante livres, et ils seront payés par le trésorier dudit collège. Il est défendu à tous ministres et à tous autres de notre pays de faire aucune proposition, dispute pour le fait de la religion hors notre pays, ainsi qu'au dedans d'icelui, sans le congé de ladite dame, ni de recevoir aucun étranger, sous peine d'être bannis.

Il est commandé à tous pères de famille et tuteurs qui ont en charge des enfants, de les faire instruire à la parole de Dieu, bonnes mœurs et discipline.

Et il est permis à tous ministres de prêcher et de faire des prières en tous lieux et places du présent pays et souveraineté; il est défendu à toute personne de les en empêcher.

Et il est défendu à tous évêques, abbés, curés, prêtres, moines, d'empêcher les dits prêches, qui auront lieu, pendant l'été depuis sept heures jusqu'à huit du matin, si ce n'est le jour de la Cène, où ils pourront durer davantage; et en temps d'hiver, de huit heures jusqu'à neuf[1]. Et il ne sera permis à aucun de la religion romaine de faire aucun prêche en aucun lieu de notre pays[2].

Et d'autant que ladite dame a bon désir de faire une entière extirpation de l'idolâtrie romaine quand ladite dame sera en ces pays, ladite dame la remet tout à ce temps-là, où elle espère que la plupart de ses sujets se rangera à la parole de Dieu et abandonnera toute idolâtrie[3].

Et pour pourvoir aux sépultures et enterrements, ladite dame ordonne que dorénavant il ne se fera aucun desdits enterrements et sépultures auxdits temples, de quelque personne que soit, si ce n'est qu'il y en ait quelqu'un qui ait droit de le faire, à l'exception de notre collège d'Orthez, auquel, quelque privilège ou droit qu'on y puisse prétendre, ladite dame ne veut permettre aucuns enterrements ou sépultures.

Défendons aux prêtres, moines, chanoines, de n'en faire aucune (sépulture) pendant les exhortations et prêches[4] et (ordonnons de les faire) sans cérémonie, en attendant que ladite dame ait pourvu plus particulièrement

---

1. Voici une nouvelle preuve que dans beaucoup d'églises on avait établi le *simultaneum*, c'est-à-dire l'exercice alternatif des deux cultes.

2. Cette interdiction, peu libérale, de la prédication, au clergé catholique, a sans doute eu pour but d'éviter les dangereuses polémiques de la chaire, mais il est évident que la célébration des offices était permise.

3. Encore une disposition qu'il est bon de relever : la reine ne voulait abolir le catholicisme que lorsque son peuple aurait embrassé la Réforme, mais elle ne voulait pas *lui imposer* cette dernière.

4. Les prêtres étaient donc, jusque-là, si peu gênés dans leur liberté, qu'ils se permettaient des ensevelissements dans les églises *pendant le culte protes-*

aux emplacements des sépultures publiques, pour le bien et santé des villes de notre pays.

De plus, il est défendu à tous prêtres de la religion romaine de retourner aux lieux dont la religion romaine aura été extirpée et d'y être pour y faire quelques actes ou exercices de celle-ci, soit en public ou autrement, de sonner les cloches aux morts, abusant par là nos pauvres sujets.

Déclarons et voulons et nous plaît, ainsi que nous l'avons plusieurs fois déclaré, voulu et ordonné, que lorsqu'un des bénéfices de notre dit pays viendra à vaquer, de quelque part que ce soit, ces bénéfices demeureront dorénavant supprimés, sans que qui que ce soit en soit pourvu; le revenu desdits bénéfices sera réuni à celui des pauvres de l'Église réformée de mondit pays.

Et il sera reçu par le trésorier de ceux-ci, qui en demeurera comptable comme des autres deniers de sa charge.

Défendons à tous évêques et autres personnes de plus en conférer, à moins qu'ils ne soient patrons laïques, auxquels, dans ce cas, leur avons permis et permettons de nommer et de pouvoir nommer tels personnages que bon leur semblera, à leurs bénéfices, et (défendons) qu'ils soient tenus de les présenter aux évêques, abbés et autres de la religion romaine, ni que ceux qui seront pourvus soient de ladite religion.

Défendons très expressément auxdits évêques, abbés et prêtres de les empêcher ni inquiéter à raison desdits droits de présentation, avant de les laisser pleinement jouir du contenu du présent article.

Donné à Paris au mois de juillet de l'an 1566. Ainsi signé :

JEANNE.

Par la reine, dame souveraine, présente en son Conseil, auquel étaient présents M. de Gramont, lieutenant général, de Lacase, Langlois, secrétaire.

Il est commandé à tous ministres des Églises de notre dit pays, jurats et syndics desdits lieux et à tous nos officiers et justiciers, de pourvoir, chacun en ce qui leur appartiendra, d'aliments et nourriture, lesdits pauvres qui habiteront les lieux, villes et villages, et de s'aider les uns les autres pour chasser les vagabonds et les étrangers.

tant. Les procédés que ce seul détail révèle, n'expliquent-ils pas bien des restrictions à une liberté dont on s'empressait d'abuser?

L.-Imprimeries réunies, **B**, rue Mignon, 2. — MAY et MOTTEROZ, directeurs.

www.ingramcontent.com/pod-product-compliance
Lightning Source LLC
Chambersburg PA
CBHW070702050426
42451CB00008B/450